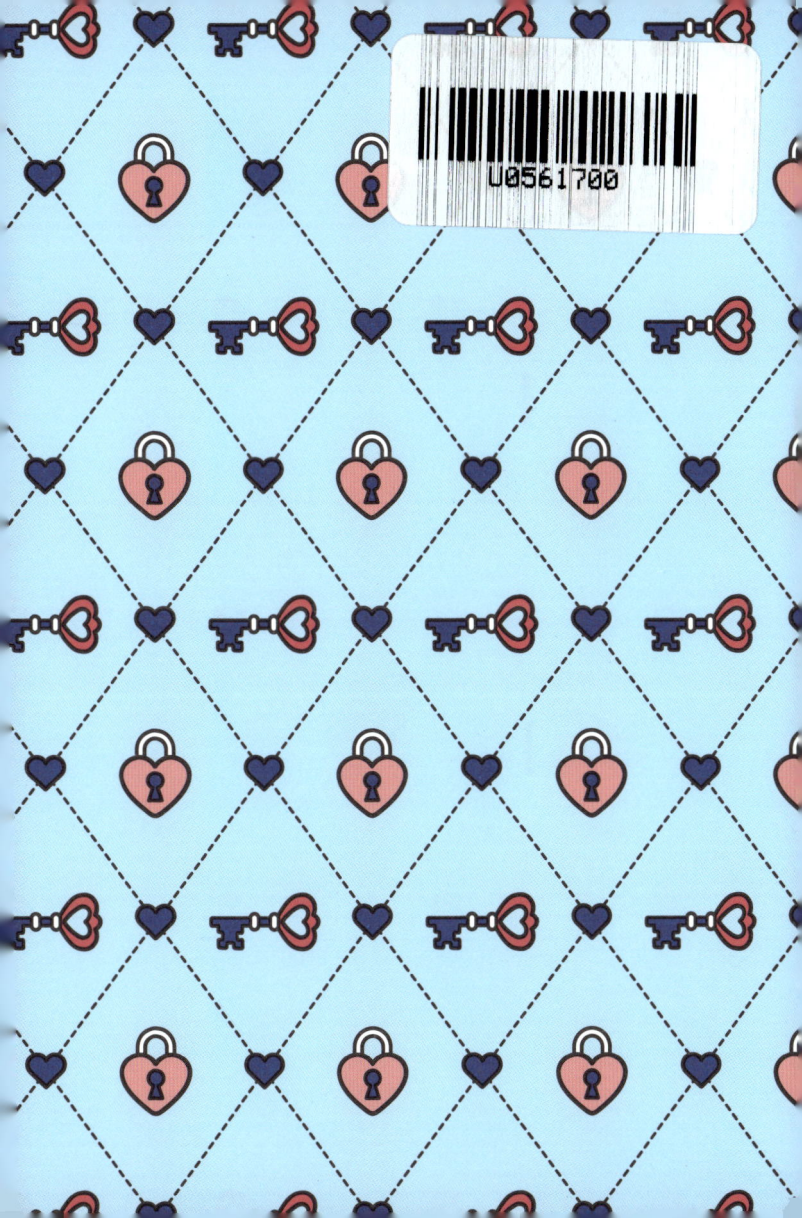

"人生学校"成立于2008年,是一个由英国知名作家阿兰·德波顿创建的文化平台,旨在通过电影、工作坊、图书、礼物以及温暖又富于支持的社群,来帮助人们过上更充实、更有意义的生活。在优兔平台已经拥有超过900万订阅者。

很多人在年轻时天真地以为校园学习就是掌握全部知识的途径,长大后才发现在学校里很多东西是学不到的,很多问题更是连思考的机会都没有。德波顿利用自己的影响力创办"人生学校",挑战传统大学教育,重新组织知识架构,令其和日常生活更贴近,让文化更好地为人们服务。

"人生学校"出版的图书都与人们日常生活中的重要问题直接相关,并相信最为棘手的问题皆因缺乏自我觉知、同理心和有效沟通而起。本次首批引进的11册,聚焦于情感议题,从如何寻找一个合适的伴侣,到如何长久地经营一段亲密关系,给出了全方位的建议。

扫 码 关 注

我们提供知识 以应对变化的世界

人生学校·The School of Life

真的真的准备好结婚了吗

［英］阿兰·德波顿 / 主编
［英］人生学校 / 著　　楚立峰 / 译

中信出版集团 | 北京

(How to Get Married) ♡

By

The School of Life

目录

引言
1. 维持一段婚姻的意义何在 / 003
2. 举办婚礼的意义何在 / 011
3. 婚礼仪式 / 019

一、结婚之前
1. 承认自己的不足 / 026
2. 没有十全十美的伴侣 / 036
3. 为什么要跟这个人过一辈子 / 042
4. 考虑周全 / 053
5. 爱和被爱 / 063
6. 心理层面的婚前协议 / 066
7. 婚前指导 / 073
8. 筹备婚礼 / 074

二、婚礼

1. 硬件 / 079
2. 音乐响起,婚礼开始 / 085
3. 宣誓 / 086

三、结婚之后

1. 婚宴 / 113
2. 礼物 / 118
3. 新婚之夜 / 119
4. 婚礼相册 / 122
5. 危机 / 125
6. 婚姻治疗 / 128

引言

"现在,人们已经不那么相信上帝了,
但依然在努力确保婚姻关系的牢靠。"

1.
维持一段婚姻的意义何在

在今天,很多人越来越想不明白结婚的意义。结婚的弊端显而易见,而且有相应的调查数据支持。

婚姻关系是受国家认可的法律关系,与财产、后代和养老密切相关,旨在约束和控制两个人在 50 年甚至更长的时间内对彼此的感觉。二人世界本来应是心心相印,婚姻这一"框架"却冷漠、无用且代价高昂。我们不需要一纸证书来表达爱意和钦慕。事实上,被迫做出的承诺最终只会提升不忠和背叛的概率。如果没有爱情,婚姻只会让两个人的生活变成一团乱麻,只会增加两个人的痛苦。别管爱还是不爱,婚姻都无法决定爱情。我们完全有理由认为，成熟的、现代的、合乎逻辑的做法是完全摒弃婚姻以及明显毫无意义的婚礼。

有人认为，结了婚两个人就可以相互扶持，彼此之间有个照应，所以应当结婚。这个说法站不住脚。显然，婚姻代价高昂、风险极高，有时还跟现代生活格格不入。但婚姻的意义也正在于此。归根结底，婚姻就相当于监狱。两个人要想走出监狱并不容易，就算走出来了，也非常尴尬。

婚姻的本质是束缚我们的双手，挫败我们的意志，在分手的道路上设置难以逾越的障碍。有时，婚姻迫使两个人朝夕相处，而这两个人早就想离婚了。那么，我们为什么要让自己陷入这样的境地呢？

最初，我们告诉自己，上帝希望我们保持婚姻关系。现在，人们已经不那么相信上帝了，但依然在努力确保婚姻关系的牢靠。一方面，我们真诚地邀请亲朋好友见证我们的山盟海誓，甚至会专门邀请关系疏远的亲戚，让其不远万里来参加婚礼。如果我们回过头来承认这可能是个错误,那么我们将会陷入极其尴尬的境地。另一方面,婚姻涉及复杂的经济和法律纠葛。我们清楚,离婚需要一群会计师和律师介入。离婚当然是可以的,但也将是毁灭性的。

我们似乎认识到,有一些听起来奇怪却很充分的理由,让我们很难背弃对他人的厮守一生的公开承诺。

(1)冲动是危险的

棉花糖实验是心理学史上的一项著名实验,旨在衡量儿童的延迟满足能力,并跟踪自我控制力对儿童一生的影响。实验对象是一群3岁的孩子。研究人员给孩子们一人一颗棉花糖,并告诉他们如果坚持5分钟不吃就能得到两颗糖作为奖励。结果是许多孩子都坚持不了5分钟。吃掉这颗糖立即就能获得满足,等待更大的奖励则是一种煎熬。经过长期观察,最后得出的实验结论是:与那些能够将眼前的乐趣置于长远利益之后的孩子相比，缺乏自我控制力的孩子，人生更加坎坷。

婚姻关系道理相同。结婚就像进入围城，在这里，很多事情更为紧迫——不是吃棉花糖，而是逃走，寻求自由，甚至"另谋高就"。有时，我们感到十分愤怒，只想远远离开；有时，我们对陌生人感到兴奋并想抛弃现在的伴侣。然而，我们在四处寻找出口时，却发现所有退路似乎都被堵死了——这会损失金钱，会丢面子，也会也浪费时间。

结婚之后，我们就不那么冲动了。在责任心的感召下，我们不再花心，不再幼稚，摒弃了私心杂念。实际上，成家立业就意味着接受了一个观念：冲动是魔鬼，短视不可取。结婚就是选择了稳定的生活。我们认同延迟满足的价值，所以甘愿限制自己的行为。毕竟，经历风雨才能见彩虹。

婚姻不是一直看双方心情如何得以维系的，这不是感情问题。婚姻是一种意图的表达，完全不受我们日常欲望的影响。夫妻双方花大把时间幻想他们要是没结婚该多好，这在婚姻里并不常见。婚姻的意义正在于淡化这种幻想的冲动。婚姻让我们不再想入非非。

（2）我们渐渐成熟

理想情况下，夫妻关系会让夫妻二人成长、成熟，变得"完整"。一个人之所以能够吸引异性，往往是因为此人承诺能引领伴侣朝正确的方向前进。

然而，成长的过程缓慢、痛苦，还很复杂。我们长期（可能是几十年）指责伴侣，把由自己的弱点引起的问题归咎于对方。我们拒绝改变，天真地要求伴侣"爱我这个人"。

要想真正成熟，需要多年坚持不懈的努力，有时会泪流满面，有时会灰心丧气。随着时间的推移，在为一件事吵了120次后，双方可能会开始从对方的角度看待这件事，我们由此逐渐认识到自己的错误。我们分析自己的问题，帮助伴侣克服弱点，并让自己变得更好相处。

不幸的是,经验教训至关重要——吸取经验教训,我们就能变得聪明、完善自我——但并不那么容易总结。我们需要面对自己的恐惧,拆除自己的防御盔甲,检讨对他人造成的伤害,真心地为自己的错误道歉,并学会接受他人的不完美。

当我们开始一段新关系时,表现得友善而正常是很容易的,真实的自我总在历经时间检验后才清晰可见。要想不断自我提升,就要坚定不移并抵制诱惑,因为有的人会信口开河,说我们没有什么大问题,把我们勾引走。

(3)付出会有回报

要想婚姻幸福美满,夫妻双方都要付出巨大的牺牲,不能只是一方付出。

结婚之后,人们就能实现分工,比如专门挣钱养家或者专门操持家务。这种分工很有意义,但是也有风

引言

险。每个人（尤其是专门操持家务的那个人）都需要一份保证：辛苦付出之后不会被苛待。

婚姻为我们创造了条件，让我们可以大胆地做出关于生活的重大决定——如果没有这份保障，这些决定就会太冒险。

****

时过境迁，人们对婚姻的看法发生了变化。婚姻不再关乎外部力量——教会、国家、法律法规——对我们的权力，以及别人的评头论足。现在，我们更应该关注心理上的问题，它让我们很难全身心投入婚姻。事实证明，信守承诺是有代价的，但会受益更多。目光短浅会损害长期利益。

在过去的50年里，人们想的是如何简化离婚程序，如今面临的挑战恰恰相反：如何劝和不劝离。

婚姻把夫妻双方绑定在一起，一气之下分手的概率就减小了。冷静下来之后，我们还是会珍惜姻缘。婚姻可以让我们避免感情用事，至少在关键时刻是这样。我们一起接受对一种自由——逃跑的自由——的限制，从而保护和强化另一种自由：一起成长，一起放眼未来，一起在痛苦之中自我完善。

2.
举办婚礼的意义何在

我们这个时代排斥形式主义。如果根据时间画一个线形图,会发现三点:第一,18世纪中期之前,社会上重视规矩、程序和礼节;第二,18世纪中期,社会风气开始发生变化;第三,20世纪,社会风气变化加剧,人们变得越发休闲、随意、率性而为。

人们在礼节和穿着打扮方面发生的变化最为明显。从前,吃饭的时候要按照上下尊卑依次就座;见面要互相鞠躬致意;"先生"和"女士"都是口头禅;马甲是男士正装不可或缺的一部分;女士总是戴着手套;未经许可,孩子不得跟成年人说话。现在,我们穿着牛仔裤,说"嗨"。

留下来的仪式已经不多了,婚礼就是其中之一。在这方面,我们倾向于跟祖先一样保持仪式感。我们穿上奇怪的衣服,说着千年不变的祝福话语,花的钱(可能)够买一辆小轿车。

费这个劲干什么?

归根结底,仪式是普通生活之中的标记。举行仪式的时候,我们的服装、言语和行为都跟平时不一样。我们把水浇在穿戴整齐的婴儿的头上。我们买一对鸽子,放飞。我们一边吃着米糕,一边吟诵着月光曲,目的就是要体现与日常生活的区别。

现代社会热衷于摒弃繁文缛节。人们希望让仪式更加易懂,跟上生活节奏:言语通俗,穿着日常,表现得像在厨房里一样。但仪式的意义被曲解了。有时,我们需要明显的标志,把人生分割成几段:孩子出生了,有人去世了,少年变为成人……这些标志都不属于日常生活的范畴。在婚礼上,你发誓与伴侣相伴终身,婚礼就是一个标志：与单身生活告别。尚未结婚时，我们可以走遍天下，改变生活环境，大胆实现自己的想法。结婚之后，我们承诺相濡以沫，直至人生的尽头。

仪式是联系现象与本体的纽带。我们看到、听到、触及的就是现象，现象是实实在在的东西。本体是超脱于日常的思想和事件，难以固定在某个时间点上，却始终存在且至关重要。传统的婴儿命名仪式强调的就是本体：通过这个仪式，几个特定的字母成了新生儿的名字，成为其一生的标签。将来，新生儿会长成少年，在舞池里翩翩起舞；少年会变成中年人，作为高管赶往会场；中年人会成为儿孙绕膝的老年人，在85岁高龄，一边喝着菊花茶，一边从酒店的阳台俯瞰大海。但那几个字母一直都是他的名字。命名仪式必须庄严肃穆，体现本体的超现实主义色彩。

婚礼同样具有鲜明的超现实主义色彩。举行婚礼是一种现象，比如，4月8日下午2点30分，下起雨来，宴会承办人忙着把一盘盘开胃菜转移到帐篷里去，头顶正好有一架飞机飞过,飞机的目的地是卑尔根市。这是一个特定的时间点,但本体意义也蕴含其中:婚礼是人生之中的大事。婚礼的意义重大,影响深远,不会随着时间的流逝而淡化。在宣誓的那一刻,你就算结婚了。再过 26 年,你还是已婚人士。婚姻足以影响人的一生。

传统上,举行仪式的场所都会煞费苦心地设置"门槛"。比如,法国南部城市尼姆有个罗马时代的四方神殿。四方神殿有宽大的台阶和巨大的科林斯式立柱,神殿内部庄严宏伟,与熙熙攘攘的街道形成鲜明对比。进入四方神殿需要沐浴更衣、诚心祷告,颇具仪式感。

同样,在伦敦圣保罗大教堂里,主祭台前面用深红色的绳子拦着,以示闲人免进,无声无息却让人望而却步。只有在婚礼等重大场合,人们才能踏上主祭台下面的平台。

在任何一种文化中,婚礼都非比寻常。在波兰,新人通常会亲手奉上婚礼请柬(不发电子邮件)。婚礼之后,双方父母会把面包和盐送给新人。面包和盐有两个

引言

法国尼姆的四方神殿,始建于公元 2 年
(摄影:杰森·兰利)

英国伦敦圣保罗大教堂的主祭台，始建于1675年
（摄影：戴维·艾利夫）

寓意。第一，生活富足。第二，同甘共苦。在日本"神前式"婚礼上，新郎和新娘会按照"三三九度"喝交杯酒，宣读传承了数百年的结婚誓词，明确彼此的责任。在菲律宾，新郎和新娘会在特定的时刻放飞一对鸽子。在韩国，新郎和新娘会互赠木鹅。按照摩洛哥柏柏尔人的风俗，新郎的家人要先去远方的河流里打水，河流与新娘家之间至少要有三个山谷；新娘沐浴更衣，然后才能举行婚礼。

各地婚俗千差万别，但主旨只有一个：向每个人，尤其是来宾，宣布新的一页掀开了。这些仪式的意义最终不指向实际、具体的行为，只是让我们欣赏所发生之事的与众不同。

几乎在每一个国家，举行婚礼都要邀请许多人。实际上，主家跟这些人的关系不一定密切，可能也不喜欢这些人。这也是关键之处。结婚就是承诺为他人做事：一开始是为伴侣，以后可能是为孩子、公公婆婆或者岳父岳母等。叔叔脾气不好，我们跟他也不怎么往来，但还是会邀请他参加婚礼，因为这意味着当众承诺承担责任。结婚就是超越自我，勇挑重担。

婚礼无疑具有超现实主义色彩。但是，不要嘲笑婚礼上的种种规矩。我们可以利用规矩实现长远目标。结婚之前，我们心性不定，行事随意。在结婚这件大事之后，两条平行的直线相交了，夫妻二人从此患难与共、相濡以沫。

3.
婚礼仪式

过去,祈求神灵保佑可以体现出一件事情的重要性,比如一场战斗、收割庄稼或建造新居。

婚礼也具有强烈的宗教色彩。新人并不是互相立下誓言,而是在向神灵发誓。他们死后,神灵会做出审判。宗教帮助我们认识到婚礼的分量和特点。

今天,婚姻的宗教色彩已经淡化,这也使我们陷入困境。想要凸显婚礼的特殊,只能采用宗教仪式,但我们又对宗教不感兴趣。我们想要抓住婚姻的本体意义,但其深埋在宗教仪式之下,难以发掘。

我们目前面临的难题是历史发展的结果,也可以称之为"糟糕的世俗化"。传统上，宗教做了两件与众不同的事情。第一，对死亡和宇宙起源进行解读。第二，在人生的重要时刻举行盛大的仪式。洗礼、婚礼、葬礼和宗教节日——宗教不断引领我们进入关注本体的时间。凭着独到的艺术形式和建筑风格，宗教让我们暂时脱离了日常生活，纵观整个人生。

世俗主义通过质疑神学主张而获得发展，但与此同时，世俗主义也抛弃了可以安慰人心灵的宗教仪式。神学就像洗澡水，宗教仪式就像孩子，世俗主义就是把孩子与洗澡水一起倒掉。世俗主义认为，宗教是仪式的守护者，抛弃了宗教之后，在人生的重大时刻，我们就不再需要盛大的仪式。但从本质上来讲，离了宗教信仰，仪式也可以存在。探究本体——也就是说宏观地审视人生——没必要扯上摩西十诫或者鬼魂亡灵。

理想的世俗化要在摒弃神学思想的同时，保留宗教仪式的精华之处。宗教之中确实有许多有益的、具有创造性的奇思妙想，不应该只留给那些碰巧相信神学的人。当务之急，是从看似一切都不再可信的东西里，拯救出仍具有启发性的那部分。

在这本书里，我们将详细描述一场婚礼仪式，通过非比寻常的话语、行为和规矩，洞察婚礼的本体——关键是，其中不包含神学思想。我们相信婚礼上要字斟句酌；举行婚礼的场所（最好）代表着天长地久；司仪应该有点权威；大家不能穿平时的服装；新人要承认自己的不足，并认识到对方的不足（但依然愿意与之共度一生）。总之，我们得意识到婚礼的重大意义。从长远来看，婚姻有益于我们自己，也有益于社会和后代。尽管，婚姻确实有它的可怕和沉重之处。

一、结婚之前

"你说爱一个人,想让对方跟你结婚,这可能是一件相当残忍的事情。"

众所周知,结婚之前要做大量准备工作。我们总是认为,所谓的准备工作就是搞后勤:婚礼上的花要准备,座次也要安排。然而,当人们回顾并分析一场失败的婚礼时,很少会得出这样的结论:婚礼失败的原因是鲜花摆放失误或会后派对很糟糕。

我们只做了物质方面的准备,没有做精神方面的准备。我们需要理解自己,理解伴侣,理解婚礼,理解爱的本质。我们要明白婚姻的意义,清楚面对婚姻的正确心态是什么。

用几个月的时间做好物质和精神两方面的准备,我们就可以结婚了。

1.
承认自己的不足

被评价为"难相处"或者"不是个好的结婚对象"或许是令人难以接受的。然而,欣然承认这种可能性,或许是一个人能够维持一段长期关系的必备素质。有些人总是自我感觉良好,而事实并非如此。很少有人比这样从不怀疑自己的人更令人难以忍受了。

我们每个人都是"愣头青",都有这样或者那样的缺点。在某种程度上,人人都没有得到足够好的养育,人人都有心理疾病,有各种坏习惯。我们焦虑,爱嫉妒,暴躁,自负,一旦结婚,会给伴侣带来很多麻烦。

他人总是有意无意地对这些事实避而不谈,导致我

一、结婚之前

们无法做出正确的判断。父母溺爱我们，不会告诉我们这些；朋友为了避免冲突，也不会告诉我们；前任想尽快摆脱我们，不会帮助我们克服缺点——他们只会说想要更多的空间，或者想去遥远的印度。

此外，当我们独自一人的时候，我们无法意识到别人有多讨厌我们。或许整个星期日我们都在顾影自怜，怒气冲冲，但没有人会被我们的愤怒逼疯。我们可能倾向于利用工作来逃避亲密关系，但只要没有关系亲密的伴侣，我们就可以不被评论地度过自己的古怪时光。我们可能一直不知道自己的饮食习惯有多么怪异，直到有一天，有人坐在我们的对面，发现我们吃饭的时候咀嚼的噪声很大，吃的东西也很奇怪。

最终，伴侣会让我们注意到自己的缺点，就好像在对我们进行可怕的人身攻击。但不是这么回事。伴侣总有一天会指出我们的不足，我们终归要面对这一天。

我们的伴侣并非在吹毛求疵，他们只是举起了一面镜子。仔细看看，每个人的性格里都有大量缺陷。这不是个人的问题，而是人性使然。各人的情况千差万别，人们的弱点不尽相同，但基本情况是一样的。别管我们怎么看自己，任何人都经不起长时间的审视。可悲的是，伴侣并不是拿着放大镜在故意挑刺，他们传递着事实与真相：我们让人受不了。

这种关于人性的观点似乎令人震惊，但这只是因为我们对此毫无准备。只要有清醒的认识，两人婚后就能和谐相处。

人性是复杂的。一般来说，要探究人性，就要先研究"原罪"。原罪的观念是在罗马帝国末期出现的。无政府主义者发动武装叛乱，罗马帝国摇摇欲坠。伟大的思想家圣奥古斯丁探索帝国衰亡的原因，提出的主要观点就是：人性在本质上是有缺陷的，人容易被误导。他认为，人性的失败是"原始的"，是人类与生俱来的一部分。

原罪是个神学术语，却具有心理学意义：作为个体，我们必须接受从一开始自己就有很多问题。这没什

一、结婚之前

么难以承认的,也不必震惊,大家都要谦卑地接受这个事实。承认自己本质上存在不足并不奇怪,假装自己没有缺点才可笑又可疑。

时至今日,圣奥古斯丁的观点依然说得通。只不过,我们已经不再谈论夏娃偷吃禁果的故事。我们的失败有天然的、不可避免的根源:我们反复无常,性格倔强,办事拖拉;我们喜怒不定,做事莽撞,乱发脾气,举止傲慢;我们态度冷漠,遇事慌张,坏习惯一大堆;我们自找麻烦,贪婪成性,自我保护意识过强(还有很多,不胜枚举)。我们生来脆弱,又被随意地养育长大;我们难以认清自我;我们的本能是为了狩猎和采集进化而成的,并不能很好地适应现代社会的需求;我们生活在一个追名逐利的文化环境中,我们因此总是感到失败。我们和圣奥古斯丁根据不同的理由,得出了相同的结论:只有经历大量的失败,人才能成熟。

上述内容旨在说明,承认自己有缺点并不是在承认一些非常奇怪的事情。一个人没有缺点才奇怪。当然,我们也有一些令人愉快的优点，但别人要跟我们一起生活，还是会付出很大代价。你说爱一个人，想让对方跟你结婚，这可能是一件相当残忍的事情。

坦然面对自己的缺点，就是要承认：对婚姻之中的磕磕碰碰，我们要负很大责任。在此基础上，我们就不会说伴侣是傻子或者是野蛮人。我们做错了事，伴侣在厨房里吼叫的时候，我们就会微笑面对，说声对不起。意识到自己的不足，就能明白愿意接纳我们的伴侣有多么大度。

因此，结婚之前我们要扪心自问：我是不是容易生气，是不是做事欠考虑，是不是心智不成熟。

成熟的人会认真思考一个问题：我有多难相处？如果不认真思考这个问题，就不要在婚礼上发誓。自以为无辜，就会自以为是并苛待他人。

结婚的时候，我们可能只想着自己好的一面，只觉得自己温柔又美丽。因此，我们可以靠一组提示，认真剖析自己。

一、结婚之前

(1) 生气的时候,我往往……

始终不发脾气很难——人人都发过脾气,但是,我们发脾气的方式可能会让问题变得更加棘手。比如,我们可能大发脾气,暴怒之下说话不经过大脑,放出的狠话并不是我们真心想说的;我们也可能闷不作声,假装岁月静好,指望着伴侣能通过我们的态度,察觉到我们生气了。

(2) 受伤的时候,我……

自尊受伤的人可能会有一些奇怪的表现。第一种:回避伴侣,表情冷漠。第二种:打扫卫生,让家里一尘不染。第三种:讽刺、挖苦伴侣。第四种:闷闷不乐。第五种:喋喋不休。别管哪种表现,都是在掩饰内心的脆弱,进行自我保护。然而伴侣不明就里,无法透过现象看本质。

(3)疲倦的时候，我……

按理来说，疲倦没什么危害，也算不上一个缺点，睡一觉就好了。但是，人一疲倦就容易举止失常。我们可能会焦躁不安，哭哭啼啼，一脸阴郁，甚至陷入躁狂。我们的伴侣会因此提心吊胆，不会立即认识到我们只是累了。

(4)我的朋友可能是个问题，原因是……

在遇到伴侣之前，我们可能有些老朋友。我们性格的某些方面，老朋友可能知道，但伴侣不知道；老朋友甚至可能不喜欢我们的伴侣。这看似不是个问题。我们喜欢老朋友，也喜欢自己的伴侣，并且想当然地认为大家能和平共处。但事实可能并非如此。

（5）钱是个问题，原因是……

金钱必然暴露我们的弱点。很多事情我们习以为常，但伴侣可能觉得难以忍受。或许，我们是守财奴，总担心钱不够花，多花一点钱就肉疼。或许，我们无法忍受过多关注自己的财务状况。或许，我们总是想着挣大钱。我们能理解自己，但伴侣有自己的视角，难以理解我们。

（6）我担心……

一直以来，我们都与忧虑为伴，而伴侣可能觉得我们神经过敏。一起生活了很长时间之后，伴侣还是会觉得奇怪，我们怎么会那么在意一个念错的单词或一次例行的财务核算。伴侣不明白我们的焦虑，也不知道我们为什么焦虑。所以，我们需要搞清楚自己在担心什么，心平气和地向伴侣解释。

（7）我痴迷于……

我们会有些自以为合理的"痴迷"。比如，我们认为房间里的椅子应该对称摆放；炊具应该用成套的；切面包用不着案板；假日得参观 8 个画廊。我们觉得这些事情很正常，它们早就植根于我们的性格之中。但是，伴侣的生活环境跟我们不一样，可能无法接受这些痴迷。因此，要恰如其分地把个人的痴迷融入夫妻生活之中。

（8）我有一些可能很难被接受的生活习惯……

或许，我们会先锉锉趾甲，做几次拉伸练习，用牙线剔 3 分钟牙，把抗皱霜抹在额头上，然后才上床睡觉，但伴侣可能认为我们是在借故拖延，不想上床。或许，我们认为吃饭之前尽可能地把厨房收拾干净是有必要的，而我们的伴侣却急着开饭。或许，多年来，我们

一、结婚之前

形成了自己的旅行习惯——尽量少带行李,在出租车已经在等候的时候打包行李,在临近停止办理登机手续时才到达。我们可能并未认识到,伴侣非常讨厌我们的生活习惯,而且快被逼疯了。我们可能觉得这些根本不算个人生活习惯,而是天经地义的事。这就是问题所在:我们没有认识到自己的怪异之处。

深刻认识自己行为模式的缺陷,并不是要我们感到内疚或羞愧,而是要我们认清自己的行为模式会给伴侣造成多大的困扰。结婚之前,我们要充分认识到自己有多难相处。

2.
没有十全十美的伴侣

谈论伴侣的缺点不太浪漫——尤其是在婚礼前夕。此时,我们应该满眼都是伴侣的优点。但是,深入了解伴侣的缺点,有助于维系感情、保持爱情的新鲜度。夫妻感情是否融洽,不取决于对方是否有缺点。缺点肯定是有的,关键在于我们如何看待它。

我们必须做出选择。第一种选择:认为伴侣无法相处,性情卑劣。第二种选择:认为伴侣可以相处,对方只是心神不安。婚姻不幸的时候,假如我们不从自己身上找原因,而是一味从伴侣身上找原因,那么我们就该学学如何去爱伴侣了。

一、结婚之前

显然,伴侣暴露缺点、率性而为的时候,我们会比较脆弱。伴侣的所作所为,让我们蒙羞或受到伤害。伴侣可能出现以下几种情况:有点性冷淡,性欲太强,太邋遢,事多,好争论,呆板乏味。我们认为,伴侣如果想改,他们可以轻易改变。只是伴侣自私随性,破坏了二人世界的和谐。

事实恰恰相反。伴侣那些令我们讨厌的特点可以追溯到童年时期,那时候,伴侣根本不认识我们。在童年时期,伴侣就靠它们来应对压力。或许,伴侣的母亲过于严厉、期望很高,因此,他们觉得散漫、邋遢一点是必要的反抗——表明自己的独立意识,让"暴君"去把衣服放好,让"暴君"去擦洗厨房台面。今天,伴侣的行为令人恼怒,但他们不是魔鬼:他们只是在延续以前的做法。

伴侣的原生家庭可能没有给他们安全感。因此,到了今天,他们喜欢大手大脚地花钱,显摆,崇拜你看不起的人,聚会(如果觉得你在聚会上呆头呆脑的,就会指责你）。然而，这些只是表面现象。要宽容地看待伴侣的行为，要了解伴侣行为的起源，并在一定程度上原谅伴侣。他们或许是有点虚荣，但更多的是，他们正试图摆脱过去的某些痛苦。

伴侣举止怪异，是因为他们心怀恐惧和焦虑。伴侣懒惰，是因为他们追求完美，怕犯错误。伴侣拒人于千里之外，是因为他们怕别人误解自己。伴侣爱发脾气，是因为怕工作干得不好——伴侣的父亲当年总是挑他们的毛病。

无论伴侣做出什么事，都在一定程度上事出有因。一开始我们可能觉得出格，细想一下就会觉得还是可以理解。推己及人，我们知道自己也有缺点，但我们并非十恶不赦，我们只是心怀恐惧和焦虑。我们知道，别人应该同情而非指责我们。我们和伴侣可能都面临相同的问题。

结婚之后，我们并不会开始爱上伴侣的缺点，这是不可能的。我们也应当承认，伴侣的变化不会太大。这

一、结婚之前

都不要紧。结婚的必要条件不是我们遇到了完美无缺的人,而是我们能够宽容地看待伴侣的缺点。

有一个奇怪却管用的做法:把伴侣的缺点列举出来。我们可以在脑海中列举伴侣的七大缺点:有些可能无足轻重,有些可能非常重要。这种做法并不刻薄,而是恰如其分。我们并不是要谴责伴侣,而是在为日后的甜蜜生活着想。

接下来,我们就要不辞劳苦地为伴侣的缺点找原因。伴侣过去的经历或许能够解释伴侣的生活习惯、痴迷和焦虑。一个可爱的人变得如此"讨厌",究竟是为什么?以前我们带着恶意解读:伴侣愚蠢,卑鄙,无情,残忍。现在,我们带着善意解读:伴侣过去遭遇了不幸,才会有如今的种种行为。伴侣的行为和心态令人讨厌,但是伴侣不是魔鬼(不过,我们一气之下就会给他们贴上魔鬼的标签)。伴侣只是身处困境之中,需要用心呵护。

对伴侣的缺点做出善意的解读,并不意味着我们就能与伴侣和平共处。伴侣可能会拖我们的后腿,他们可能挑三拣四,依赖性强,冷酷无情,也可能有点虚荣。但是,面对这些问题,我们可以不再那么厌恶或恐慌。我们坚定地跟伴侣站在一起,因为我们看到,伴侣有缺点并不意味着他们不值得被爱。事实上,正是因为伴侣有缺点,我们才更应该爱护他们。

我们不要想与另一个人在一起会更好,不要这山望着那山高。结婚之后,我们会发现还有许多有趣、友善的人。我们很有可能碰到貌似更好的选择:他们热情、风趣,长得好看;他们善于倾听,和我们有共同的兴趣爱好。这种比较立刻显得我们的伴侣不那么讨人喜欢。我们究竟为什么要与满身缺点的伴侣过一辈子呢?

事实上,我们的伴侣并非真的如此不堪,我们只是了解他们多于了解一个陌生人。因为朝夕相处,我们清楚伴侣的每个缺点。出于无知,我们觉得还能找到更好的人,最后只能自食其果。

一、结婚之前

就算不知道光鲜亮丽的"新人"到底有哪些缺点,也可以肯定地说,他们必有缺点。因为金无足赤,人无完人。

3.
为什么要跟这个人过一辈子

一般来说,当被问及为什么要跟某人结婚的时候,我们会感到有压力,并倾向于列举伴侣令人愉悦的特质作为回答。然而,对于我们为什么跟伴侣在一起,以及为什么他们可能是好的伴侣,一个更公正、更全面的解释可以通过三个问题来探索。第一,我们可以从伴侣身上学到什么?第二,我们过去的经历对择偶有什么影响?第三,我们选择这样一个伴侣有什么实际好处?

让我们逐个探讨这三个问题。

一、结婚之前

（1）我们可以从伴侣身上学到什么

伴侣的优点吸引了我们，让我们陷入爱河。伴侣往往具有我们所没有的优点。我们之所以选择这个人，是因为这个人的认知范围和行为模式都与我们互补（见表1）。

表1

我的缺点	伴侣的过人之处
暴躁易怒	镇定自若
墨守成规	开拓创新
沉默寡言	热情似火
腼腆害羞	自信满满
顾头不顾尾	有条不紊

正因为存在这样或那样的脆弱和不足，我们在伴侣身边时才会激情四射。我们不完整、不平衡，所以才会

爱上伴侣。我们可能过于依赖抽象思考，所以觉得伴侣注重现实，脚踏实地；我们可能顾头不顾尾，所以觉得伴侣有条不紊。

伴侣之间最佳的相处状态是：取长补短，两人都希望向对方学习。伴侣成为我们生活的中心，我们更加镇定自若或更加勇于进取。伴侣以身作则，鼓励我们。在伴侣的爱护下，我们充分发挥自己的潜能。

这意味着婚姻的成功取决于两点：一是我们愿意向伴侣学习，二是我们的伴侣愿意做一个好老师。然而，大多数人在这两方面都不太擅长。

事实上，我们通常无法从伴侣的优点中学习，因为承认自己在很多方面存在不足是很困难的。切实改变自己的想法和行为也令人非常痛苦。从理论上说，我们会在压力之下成长，但到了最后，我们往往希望伴侣一直付出并无条件爱我们这个人。取长补短，令人痛苦；凤凰涅槃，并不容易。一开始，我们喜欢伴侣脚踏实地的品质，但不久之后，我们可能会开始贬低这种品质，认

一、结婚之前

为它体现出一个人过于天真和简单。一开始,我们觉得伴侣有条不紊,但不久之后,矛盾产生了,我们开始觉得伴侣机械死板。自我提升非常痛苦,所以我们迁怒于"老师",说自己就是这样,不想改变。

我们不是优等生,伴侣也不是优秀教师。他们有很多见识超过我们的地方,值得我们学习。但他们在授课过程中会失去耐心,态度严厉。我们的缺点让伴侣烦恼,他们会觉得(有时还会说)我们无可救药。当我们犹豫、退缩的时候,伴侣不会循序渐进地引导我们,而是让我们知道自己有多么不思进取。遇到困难的时候,我们小心翼翼地尝试解决问题,而伴侣不会表示同情或鼓励,他们只会不耐烦地叹口气,让我们闪开,把事情交给他们去办。

因此,我们更加故步自封。结果是,贪财逐利型伴侣眼里只有钱,以家庭为重型伴侣整天围着锅台转,开拓创新型伴侣越来越排斥平平淡淡的生活。

但是,只要我们能够清楚地认识到婚姻是通向自我完善的重要途径，我们就不会注定走上令人沮丧的道路。从教育的角度来看，两人要想白头偕老，就必须坦然承认自己的失败之处，甘当小学生；而作为老师，则要耐心细致，为对方着想，因为我们的学生并不太优秀。要想婚姻幸福美满，就必须好好教、好好学。

（2）我们过去的经历对择偶有什么影响

从理论上说，我们可以自由择偶，风俗、媒婆、法律，都无法左右我们。但实际上，我们的择偶范围相当狭窄。童年经历深深影响着我们的爱情和婚姻。我们的心路历程决定了我们会爱上什么样的人。

童年时期，我们在小河边玩耍。长大之后，我们在小河边约会。童年时期受到的关爱我们记忆犹新，长大之后，我们寻求能重现那种感觉的恋人。然而，童年时期的关爱不太可能仅仅由慷慨、温柔和友善构成。世界是复杂的，享受关爱的同时，通常也要承担痛苦：担心

一、结婚之前

自己不够优秀；对脆弱、消极的父母的爱；在照顾者面前永远无法完全敞开心扉。

因此，在成年之后选择伴侣时，我们会倾向于寻找那些不仅仅是对我们友善，更是会让我们感到熟悉的伴侣——这一点微妙且重要。因为无法得到想要的关爱，我们会排除一些不错的选项。我们可能会说对方"不够性感"或者"枯燥乏味"。实际上，我们的意思是，此人"无法关爱我们，更无法伤害我们"。

人们通常会建议一个人远离狡猾的交往对象。有些男人满肚子花花肠子，有些女人水性杨花。寻找一个忠实可靠的伴侣——建议听起来不错，但是难以实践。偏好是难以改变的。与其改变我们喜欢的类型，不如改变自己对待偶尔难以相处的伴侣的态度和行为方式。

童年时期，我们得到父母的关爱。长大以后，我们就照着父母的样子寻找伴侣。比如，我们的父母经常愤怒地吼叫，我们爱他们，于是认为这肯定是因为我们犯了错误。我们变得怯懦又卑微。如今，我们的理想伴侣一发脾气，我们就像做错事的孩子一样低眉顺眼：我们闷闷不乐，充满自责，觉得是自己做错了，理应受到责罚。再比如，我们的父母脆弱不堪，容易受伤，那么，我们也很容易找到相同类型的伴侣——这样的伴侣总是需要我们的爱护，而其弱点也会让我们心怀不满。我们小心地守护在伴侣身边，鼓励他们，就像小时候关心父母那样激励伴侣，但我们也会说伴侣朽木不可雕。

出于本能，我们难以改变自己喜欢的类型，但我们可以改变童年时期的回应模式，以成熟理智的方式对待伴侣（见表2）。我们已经长大成人，能够从容面对挑战。

表2

伴侣的挑战性行为	幼稚的应对方式	理智的应对方式
提高声音说话	"都是我的错……"	"是你的问题，我无须不安。"
好为人师	"我傻。"	"处理方式很多，我的处理方式也不差。"

续表

伴侣的挑战性行为	幼稚的应对方式	理智的应对方式
古板严厉	"我得改变你。"（大包大揽）	"我会尽伴侣的本分,但是,你的想法我并不完全赞同,我的自尊心不会受到伤害……"
专横跋扈	"我活该。"	"我不怕你。"
不关心伴侣	"陪陪我。"（寻求关注）	"你忙,我也忙,好吧……"

我们选定的伴侣,肯定恰好能够挠到我们的"痒处",唤起我们童年时期的感觉。所以,终止两人关系不现实。我们要积极应对伴侣提出的挑战。我们或许无法找到一个在各方面都非常成熟的伴侣,但在伴侣展现出不太成熟的一面时,我们始终有能力以更加理智的方式给出回应。

(3) 我们选择这样一个伴侣有什么实际好处

我们计划与某个人共度一生的原因有很多,但可能并非所有原因都同等重要。一般来说，我们可以将结婚原因分为浪漫主义和实用主义两类（见表3）。

表3

浪漫主义的结婚原因	实用主义的结婚原因
相濡以沫	喜欢相同类型的家具和装修
灵魂伴侣	育儿理念相同
理解彼此的伤悲	拥有经济保障
志趣相投	稳固社会地位
被同一首歌打动	看完电影之后，影评一致

今天，人们通常羞于提起实用主义的结婚原因。如果说结婚的主要原因是寻求一张长期"饭票"，就显得境界不够高。我们羞于承认：如果对方的收入没有那么高，我们的爱就不会那么热烈。我们更不会向朋友坦白：之所以要跟一个人共度一生，是因为这个人和我们一样喜欢做饭或者不喜欢做饭。

一、结婚之前

但这只是因为我们否认了真实的自己。诚然,我们渴望两情相悦,渴望从伴侣眼中看到自己的忧郁和目标;在星期六的晚上,我们仰望满天星斗,感慨万千。然而,我们还有星期一早上九点的身份——那时我们变得务实、果断,不再想入非非,珍视良好的秩序。

美满的婚姻体现了浪漫主义和实用主义的完美结合。我们想做的很多事情都依赖于后勤才能,是这种才能支持着浪漫关系。有了积蓄,才不会担心吃了上顿没下顿。家里收拾得井井有条,才能想找什么就顺手拿来。当我们固执地拒绝烟火气,仙气也会消失,最终会变得灰头土脸。

浪漫主义不能当饭吃,实用主义可以维持生活。长期的共同生活会导致审美疲劳,但干净的床单和不断增加的存款,总是让人心情愉悦。物质是维持婚姻的基础。在此基础上,才能处理婚姻之中的情感问题。

婚姻是非常现实的,就像经营一家小公司,涉及财产法、饮食、假日旅行、日常娱乐、幼儿园管理和家庭装饰。或许有时,我们说伴侣不做家务,不知柴米油盐贵,当甩手掌柜。而实际上,我们没有意识到是伴侣在挣钱养家。

要从实用主义的角度出发,清醒认识到我们选择伴侣的原因。或许可以把它们总结成一个(秘密的)清单,放在床头抽屉里。婚姻进入危机的时候,拿出来读一读,提醒自己为什么选择当前的伴侣,直到找回对伴侣的欣赏,再度与他们的灵魂产生共鸣。

4.
考虑周全

宣布两人即将结婚时，大家通常都喜气洋洋。结婚是人生喜事，人人喜笑颜开，生活充满希望。看似皆大欢喜，但往往乐极生悲。夫妻双方准备不足，婚姻会充满辛酸和怒火，二人世界变为战场。适当地表达悲观情绪，对新人或许更有助益。

在更加明智的文化中，即将进入婚姻的人会被鼓励去设想婚后的磕磕碰碰。此举并不会给新人的结合造成阻碍，只会让新人做好准备。婚姻生活就像在一座高山上进行探险：两人会遇到冰壁和悬空路段，体力会透支，要在零下40摄氏度的低温之中过夜；前一秒还是清风明月，后一秒就有漫天风雪袭来。向导要让新人认清攀登的难度，做好物质准备和思想准备。

当婚姻陷入困境时，我们会控制不住地认为当初选错了人。婚前盲目乐观，婚后就很容易陷入困境并迁怒于伴侣。

为了避免婚后感情用事，婚前就需要考虑周全，系统地审视未来可能会遇到的艰难险阻。注意，审视艰难险阻，并不代表将来会遇到艰难险阻，只是要做到有备无患。良缘佳偶不代表一帆风顺，只是夫妻双方有了思想准备，明白困境是婚姻复杂性的组成部分，就不会怨天尤人。

（1）钱

钱始终是个问题。钱不可能不是问题，而且钱不光是钱的问题——钱就是感情。即使钱存在夫妻共同账户里，关系紧张的时候，两人还是会觉得自己受到了剥

一、结婚之前

削。钱的多少与感情的好坏息息相关。从某种程度上说，所有夫妻都会因为钱而焦虑、争吵。

总有高人持乐观态度，给我们提出标准化建议：彼此开诚布公，保留收据，设立夫妻双方共同使用的记账本。这条标准化建议行不通。不是因为我们所托非人，而是因为钱与我们的心理状态密切相关。夫妻双方各有自己的背景和经历，可能会爱财如命，也可能会视金钱如粪土。我们的父母可能一分钱掰成两半花，我们的原生家庭可能穷怕了。就钱而言，夫妻双方的观点和态度很难完全一致。因此，钱可能会成为斗争的焦点，但这并非因为我们爱错了人，而是因为婚前自己就能决定的事，婚后要两个人商量着来。

正确的态度是：承认涉及钱的问题不好处理，并在冲突发生时保持冷静。关键是，不要只关注钱本身，而是要搞清楚双方产生分歧的原因，并耐心、细致地找到共识。潜意识影响着我们的行为模式，我们要加强自我认知。这种认知不会让我们变得富有，也不会改变双方的收入状况，但它为我们提供了一条理解之路。不要一有分歧就发脾气，要知道婚姻之中必有分歧。恩爱夫妻也会为钱发愁，但是双方可以互谅互让，一起探究分歧的根源所在。

（2）性

如果以性生活为重，就永远不要结婚。通常的情况是，结婚后，性生活会减少，但这并不意味着我们犯了什么错误，而是意味着我们在一份长期承诺中取得了成功。

性生活让人觉得刺激、有趣、新奇，能带来释放的快感。但是，美好婚姻的基础是稳定、持续，彼此守护，忠于伴侣。

因此，在一段婚姻之中，我们注定会经历性方面的挫败和失落。我们先是好奇，继而震惊。我们只能把自己的期待和渴望埋在心底。我们觉得对方性冷淡，自己受到了冷落。或者,我们觉得对方性饥渴,自己受到了羞辱。性生活不是表达爱意的理想途径,而是充满了委屈、责备和苦涩。在大多数夜晚,我们只想静静地读本书,不想过性生活。

性生活导致的冲突不好处理,这源于一个自然但不公的想法:一定是对方做错了。当然,也可能是我们自己错了,但是伴侣犯错的可能性更大。事实上,没有人犯下大错,只是性生活本身过于复杂。性生活不和谐,夫妻双方都不必为此负太大的责任。

(3)育儿

生儿育女是婚姻之中的乐事,但也很可能破坏夫妻关系,它极大地拓宽了夫妻可能产生争吵和怨恨的事件范围。而且可以肯定的是,放在孩子身上的精力多了,给予伴侣的关爱就会减少。

原因是无法穷尽的。在许多年(可能只有7年,但感觉像一辈子那么漫长）里，我们无法安睡，无法正常思考。厨房椅背上会沾着酸奶；婴儿会生病，会吵着闹着要花花绿绿的东西，而我们无计可施，焦虑不安。爱护孩子就会增加跟伴侣之间的分歧：应该坚持什么样的睡眠习惯，应该如何定位双方父母的作用，应该如何把握奖惩尺度，应该吃多少冰激凌，应该如何教孩子餐饮礼仪。孩子会有很多问题，而我们知道该指责谁：我们的伴侣过度保护孩子，或者太不小心；太溺爱孩子，或者太严厉；迷信专家的言论，或者过度排斥专家的言论。我们都是为孩子好，但并未因此拉近彼此之间的距离，反而使双方互相指责。我们觉得，如果不是为了孩子，自己早就离婚了，然而，恰恰是孩子的降生，让离婚成了一个诱人的选项。

要想在育儿方面有所建树，首先要承认一点：我们不是在创造一个十全十美的人。作为父母，我们自己的毛病就很多，但也没什么大不了。

20世纪中期，致力于研究亲子关系的英国精神分析学家唐纳德·温尼科特感到非常不安：许多来向他咨询的父母都对自己非常失望。他们觉得自己枉为人父人母，因而憎恨自己。他们吼叫，发脾气，讨厌自己的孩子，还犯过许多错误，过后又羞愧不已。他们急于知道：我们太严厉了吗？太仁慈了吗？过度保护孩子了吗？太不小心了吗？然而，触动温尼科特的是这样一个事实：他们几乎从来都不是糟糕的父母。当然，他们并不完美，但是温尼科特指出，他们已经表现得"足够好"。

"足够好"比"完美"要好，因为孩子长大后会生活在一个不完美的世界里，最好让孩子早点适应。"足够好"的父母有时会发怒，犯傻，偏心，疲惫，心累。这样，他们就给孩子上了一课，让孩子准备好面对现实世界。

（4）诚实

多年来，你心烦意乱：你有思路、有想法、有办法，但是别人好像并不在意。有的人你并不喜欢，但是其他人觉得此人不错，所以你只好闭嘴了。有些东西你想在床上试试，但是对方不喜欢，你只能缄口不言。为了让别人喜欢你，你学会了保守自己的秘密。

终于，你遇到了一个特别的人。之所以说这个人特别，是因为你不用再遮遮掩掩，你可以大胆说出自己的秘密。你可以忏悔，这个人会耐心倾听，你因此减轻了自己的负罪感。

一开始，这种模式是相当不错的。你可以尽情倾诉，心灵深处的每个角落都可以曝光，每一条秘密都不再是爆炸新闻。有个人你俩都认识，你可以跟伴侣说此人傲慢、自恋、刻薄。你可以说，你觉得某本所谓的"杰作"非常枯燥。你可以说，你做爱时喜欢揪头发，或者喜欢被绳子绑着。诚实是爱情的催化剂。以前三缄其口，现在畅所欲言。

因为爱，所以畅所欲言。一对新人总会以悲天悯人的态度看待他人，觉得他们尔虞我诈，活得太累。新人

一、结婚之前

一旦习惯了分享秘密,就会不由自主地希望以后继续相亲相爱、无话不谈。但是,这种希望不切实际。

诚实是个好事。在蜜月期,新人心心相印、开诚布公。但问题是,在未来的日子里,我们仍然希望如此。为了善待对方,为了让婚姻长期维持下去,最终撒谎成了必要。我们可能过于关注谎言背后隐藏的不好的东西了,而并未注意到,再忠实的伴侣也难以知无不言、言无不尽。

我们推崇诚实,却忘记了礼貌。讲礼貌不是为了隐藏重要信息、伤害他人,而是为了不让他人接触到自己本性中真实但有害的一面。时时刻刻向别人展示真实的自我并不是善良的标志,谨言慎行、留有余地,也是在爱护别人、展示真诚。一个人如果不能容忍秘密,如果以诚实的名义分享伤人的信息,那就不是真正的友善之人。

面对孩子,父母不会什么都说。我们也要想好了再说。如果一方怀疑(关系融洽的伴侣才会怀疑)另一方也在撒谎（撒谎的内容可能涉及他们的想法，他们如何评价一个人的工作，他们昨晚的住处），最好压住怒火、不发脾气，不要喋喋不休地追问。装糊涂就行了。假装自己什么都没注意到，可能是一种更温柔、更明智的做法，也许更符合爱的真谛。

5.
爱和被爱

　　一开始，我们被爱，并由此知道了什么是爱。假如拥有一个幸福的童年，那么长大之后，我们就会时时回忆起被爱的感觉。那种爱是不求回报的。父母觉得三五岁的幼童无法倾听自己的心事；父母不指望小孩为他们分忧；懵懂少年无法养家糊口，不知柴米油盐贵，父母认为合情合理。在父母的眼里，我们是那么可爱。父母总是帮助我们扬长避短，总是安慰我们受伤的心灵，他们只要我们偶尔以拥抱和微笑来回报。我们深深明白什么是被爱的感觉。

　　我们长大之后，儿时的经历自然会成为爱情的模板。在我们的眼中，父母的爱自然流露且出于本能：他们会拍拍我们的脑袋，耐心细致地询问一天里的点点滴滴，并给予我们鼓励；他们关心我们的喜怒哀乐，照顾我们，不求回报。父母的爱沉甸甸，但他们通常不会说自己付出了多少。父母不会说，有五次他们都要发火了，但还是压住了怒火；父母不会说，躺在床上的那一刻，他们已经筋疲力尽。父母通常不会告诉我们，他们内心的斗争有多激烈。不管有多爱我们，父母都会觉得为我们做三明治的时候浪费了生命，会觉得安慰我们的时候浪费了干事业的机会。我们不知道父母的真实想法，从某种意义上说，我们也不关心。

成年以后，我们爱别人，并从中获得被爱的感觉。为了维持关系，我们不得不像父母那样付出努力，但实际上，我们从未理解过他们的努力。

我们渴望被爱，但我们要以爱回报对方。单纯地索取爱，会演化成一场灾难。除了父母，没人能无条件地爱我们。至少在某些时候，我们要抑己扬人。我们倾听

一、结婚之前

他人的心声,但没人倾听我们的心声;我们同情别人,但没人同情我们;我们就算烦了,也要表示很感兴趣;我们尝试着像父母那样,优先考虑别人的需求。总之,婚姻是一项伟大的工程:爱人爱己,推己及人。

6.
心理层面的婚前协议

目前,婚前协议的作用主要是规定离婚时的财产分割方法。签订婚前协议,好像意味着不看好婚姻,但的确是明智之举。刚结婚的时候,没人想着离婚,而婚前协议可以帮助人们充分考虑到结婚可能会带来的糟糕问题。婚前协议让双方在心平气和的情况下,提前说清一些问题——日后三天一小吵,五天一大吵,问题就说不清了。

当下的婚前协议看起来冷酷无情,但这不是问题,问题是其适用范围太窄。心理层面的婚前协议最好包含6点,每一对新人都要签下这样的协议。心理层面的

一、结婚之前

婚前协议不是为离婚准备的,而是规定了看待婚姻的态度——要以热情的拥抱和冷静的态度维持婚姻。

(1) 放弃完美主义

如果认为伴侣并非十全十美,那么,你就做好了结婚的准备。伴侣有一些可爱之处,也有一些令人恼怒的缺点。事情或许会随着时间的推移而改变,但缺点不会全部消失,还可能会出现新的缺点。在许多方面伴侣都很难相处,但是人无完人,仔细看,人人都有或多或少的缺点。因此,你并不是在无奈地接受可憎的伴侣,只不过是在公开承认:结婚就是去接受问题多多的伴侣。一个关键结果是,人们将放弃挥之不去的幻想,不再认为一定有更好的人存在。当我们承认没有"绝对合适"的人后,我们就准备好结婚了,也就不会轻易下结论说自己所托非人。

（2）不指望伴侣完全理解我

从浪漫主义的角度出发，我们过分乐观，奢望相亲相爱的伴侣，奢望两人完全理解彼此的所作所为。我们一厢情愿地认为，伴侣会以睿智的眼光和包容的态度看待我们。然而，尽管伴侣好像已经非常了解我们了，我们内心深处的边边角角，对方还是难以涉足。所以最终，伴侣会觉得我们是个谜，难以琢磨，不会如我们所愿对我们抱同情态度。伴侣不傻，也不残忍。伴侣只是另外一个独立的个体。摒弃浪漫主义，从现实出发，不再指望伴侣完全理解我们，然后就可以结婚了。

（3）我承认自己疯疯癫癫

跟同事或者朋友相处的时候，你通常通情达理、态度随和，也就是说精神正常。但是，情况并不总是如此。私下里，你显然有点神经质。你控制不住自己的情绪，牢骚满腹、心神焦虑，让人觉得不可理喻。成熟并不意味着消除了所有的缺点。成熟意味着保持优雅：承认缺憾，正视对伴侣造成的影响。凡事预则立，不预则废。婚姻也不例外。

（4）不一味奢望被爱，我要开始爱人

自然，人人都想被爱，都期待伴侣像我们的父母那样爱我们。期待获得伴侣无私的爱，就还不适合结婚。亲子关系不同于夫妻关系。父母会帮助我们，不要求我们感恩戴德。父母给我们温暖，清楚我们不会回报。就算我们不领情，父母也会选择原谅。父母听我们诉说，而我们懒得倾听父母的烦恼，父母并不会因此憎恨我们。父母会努力寻找孩子可爱的一面——就算孩子可爱的一面少得可怜。我们很难这样对待另一个成年人。就爱而言，如果我们愿意付出而不是一味索取，我们就做好了结婚的准备。

（5）我要量入为出

西方文化推崇浪漫主义，重视婚姻之中的感受。但是，日复一日，年复一年，夫妻需要应付的都是日常琐事。一日三餐，清洁收纳，精打细算，有时还要请人维修家电；决定添置东西，决定断舍离。如果家里有了孩子，还要提供接送和陪伴。日常琐事跟浪漫根本不沾边，也让人提不起兴趣。面对保险账单，我们愁眉苦脸。厕所的垃圾桶满了，我们不愿意去倒。浪漫无从谈起。许多夫妻深感失望，二人世界里有许多家务事需要处理，还要俭省度日，大量时间都用在了处理财务和整理上，根本没有闲情逸致去谈论心理学或形而上学的问题。

熨衣服、逛超市，如果我们能乐在其中，就说明我们已经做好了结婚的准备。我们充分认识到了该如何持家理财。我们明白，婚姻不是爱情的坟墓，而是爱情的表现形式。

（6）我要好好学，好好教

我们自信地认为，爱我们就是要全盘接受我们，想要改变我们就是不怀好意。但伴侣肯定想让我们变得更好，我们应该虚心学习。当然，我们也要当好老师。

只有接受了以上这6点，才算是真正做好了结婚的准备，才能以务实、自信的态度经营婚姻。

当签署这份心理层面的婚前协议时，最好让婚姻导师作为见证人。一式两份，夫妻各持一份，放在家里每天都可以看到的地方。最好镶在相框里。

真的真的准备好结婚了吗

心理层面的婚前协议

甲方：..

乙方：..

日期：..

我郑重宣布，遵守协议内容

第一，放弃完美主义

第二，不指望伴侣完全理解我

第三，我承认自己疯疯癫癫

第四，不一味奢望被爱，我要开始爱人

第五，我要量入为出

第六，我要好好学，好好教

甲方：（签字或者盖章）..

乙方：（签字或者盖章）..

见证人：..

7.
婚前指导

最好与婚姻导师一起认真讨论，考虑周全，签订心理层面的婚前协议。将来就由婚姻导师主持婚礼。

新人与婚姻导师一起讨论的时候，婚姻导师可以给出评论，推动两位新人直言不讳——别管出于什么目的，新人总会避重就轻，不谈最该谈及的问题。

8.
筹备婚礼

夫妻二人都想开诚布公，互谅互让，营造幸福美满的婚姻。因此，别开生面的婚礼必不可少。

举行婚礼之前，要买结婚戒指、发请帖、筹备婚礼之后的宴会。此外，还要做好以下两项工作。

（1）准备缺陷笔记

夫妻应该各买一个漂亮的硬皮本，封面写上"缺陷笔记"四个大字。要长期保存，认真对待。

记笔记是个长期的过程。应该在笔记本上记录自身性格的缺陷,发现什么就记录什么。随时发现,随时记录。缺陷笔记记下的是缺陷,体现的是爱与信任,需要的是包容和谅解。缺陷笔记能够时时警醒自己,避免伤害伴侣。

当我们不够耐心、不够幽默、不够聪明、不够忠诚的时候,记下来。缺陷笔记要真实记录自己的黑暗一面。

(2)找到两人儿时的照片

另外,应该找到两人儿时的照片,照片要有代表性。照片展现的应该是可爱的一面,大方、自然,不扭捏。关键是要让人想起每个人都曾经是个宝宝。

试一试,只要照片能唤起儿时的美好记忆就可以。

二、婚礼

"非常感激,虽然我有这样和那样的缺点,
你还是愿意与我共度一生。"

1.
硬件

(1) 场所

举行婚礼的场所最好跟日常生活无关,要凸显出婚礼的独特与崇高。礼堂要宏伟庄严。最好不要选在度假区,因为它可能意味着休闲、轻松和愉悦——这种氛围与婚礼的意味是格格不入的。举行婚礼是件严肃的事情,代表着相伴一生、同甘共苦的承诺。

关键是,举行婚礼的场所要能让人想到"永恒"两个字,让我们不仅关注眼前,还做好长期打算。

灯光调暗,可以充分营造氛围,暗示我们天真无知，对婚姻了解甚少。灯光应该聚焦在新人身上，新人才是重点。婚礼进行过程中，新人应该与婚姻导师一起站在一个稍高的平台上。婚礼就是新人抛头露面的时刻，就是让人知道：我们结婚了。

（2）服装

新人在婚礼上必须着正装，不能穿便服。婚礼不是展示个性的时候。为了营造和谐的氛围，必须收敛自己的个性。在婚礼上，你宣布，为了给伴侣一个温馨的家，你愿意妥协、适应，放弃不良嗜好。一套不太起眼的西装或礼服——就像许多人穿过的那样——表明你已经做好收心敛性的准备。男人或许觉得打领带有点可笑，但还是老老实实打上领带；女人或许觉得穿上长裙"不太像自己"，但还是老老实实穿上长裙。在漫长的婚姻生活之中，你还会无数次如此"委屈"自己。

二、婚礼

（3）举行婚礼的时间

几点举行婚礼并不是由你的喜好决定的，这主要看其他人的时间。你本人是否方便倒在其次。婚礼通常在星期六下午3点举行——你可能觉得俗套，但这个时间恰好是吉时。如果周末喜欢睡懒觉，那星期日中午11点举行婚礼会是一个好选择。

（4）来宾

来宾见证了婚礼上的山盟海誓。两人将来如果一拍两散，就无颜面对江东父老。婚礼不只需要好友出席，好友总是放纵你的不良嗜好。你还需要一批严肃的听众——他们曾读万卷书，行万里路；他们颇具威信；他们会赠你金玉良言；他们会对你严格要求。他们可能是你单位里的前辈（一般来说，跟你没有朋友关系），可能是你儿时的老师（你尊敬他们，总想竭力在他们面前表现自己），还可能是心直口快的阿姨或者不苟言笑的世交。你们在他们面前庄严发誓，喜结连理。将来就算动了离婚的念头，也会掂量掂量。

越来越多的人为了省钱而缩小婚礼规模，但实际上，人还是越多越好。如果经济紧张，只给来宾提供汉堡包也行。来宾多了，将来就不好意思拿起电话宣布离婚的决定。婚礼体现了婚姻的特点：婚姻是一种社会制度，维系婚姻的不只是感情。我们是婚姻的参与者，不是婚姻的主宰。

婚姻之中还有狗、孩子、祖父母和朋友。朋友会学我们的样子结婚，也会学我们的样子离婚。意识到我们不是婚姻的主宰，我们就会豁然开朗：我们要保持积极乐观的心态，去感染亲朋好友。我们要充分认识到：将来，我们会为他人而活，我们自己的想法和感受并不总是最重要的。

二、婚礼

（5）婚姻导师

就请婚姻导师担任司仪，由婚姻导师见证难忘的时刻。山盟海誓之后，就是海枯石烂，至死不渝。你的誓言将伴你终身，将来生了孩子，还会对孩子产生影响。

在评论和谈话中，婚姻导师不应提及时事，不应随意开玩笑，也不应活跃气氛。婚姻导师应当有谨慎、清醒和冷静的举止。他们知道你们面临的事情太难了，甚至可以说任务艰巨。他们知道，你们之间未来会有暴跳如雷和闷不作声；会有深夜争吵，痛哭流涕，横加指责，冷言冷语，针锋相对；会有令人抓狂的失望和一次又一次的伤害。

婚姻导师既不愤世嫉俗，也不对此感到厌倦。婚姻导师深信，婚姻的价值不在于它总是美好的，而在于婚姻中的悲伤和痛苦与一种伟大的尝试紧密相连——在爱一个人的过程中，成为更加成熟、完善的自己。当婚姻导师问"你想娶她吗""你想嫁给他吗"时，他们非常清楚自己在问什么,他们只是在确认你们是不是清楚。从某种意义上说,婚姻导师就像是一丝不苟、心地纯良的放射科医生,他们坚信你可以痊愈,但你要接受漫长而痛苦的治疗。婚姻导师悲天悯人,不会粉饰太平,只会让你洗心革面。

婚姻导师的中心任务是让来宾感受到婚礼的分量。他们中的许多人将要结婚,已经结婚,或者将要再婚。来宾会以自己的方式理解婚礼。出席婚礼会让来宾认识到成家立业的重要性。葬礼也有类似的作用:看着棺椁,就会意识到人终有一死。

在婚礼上,婚姻导师应该西装革履,严肃认真。

(6)音乐

音乐是婚礼上的重头戏。最能调动情绪、烘托氛围的就是音乐。具体选用哪些乐曲不要紧,只要风格和营造出的氛围跟婚礼相符就行。

2.
音乐响起，婚礼开始

来宾进入礼堂的时候，庄重、优雅的音乐响起。音量要足够大，能让来宾共情。音乐就是一道门槛，我们跨过门槛，短暂地离开日常生活。来宾不再窃窃私语，全都屏气敛息。气氛严肃：大事要发生了。

几分钟之后，音乐结束。婚姻导师进入礼堂，缓步走到台上，面向来宾而坐。婚姻导师面前的小桌上有两本缺陷笔记、新人儿时的照片和两个戒指——这些都是婚礼的重要道具。

此时，新人端坐在台下，彼此之间尽量拉开距离。

3.
宣誓

接下来是宣誓环节。为了方便理解,书中加上了说明文字和推荐阅读的内容。

婚礼宣誓主要分为三个部分:谦恭、慈善和复魅。

二、婚礼

引言

音乐结束,婚姻导师起立发言。

婚姻导师 婚礼标志着两人合成一家。

经验表明,新人会面临许多问题。相亲相爱的两人会为了鸡毛蒜皮的小事争吵不休。新人会试着相互理解,但对方难以捉摸。

婚姻之中充满了憎恨、争吵、秘密和悲伤,两人偶尔还会感到厌烦和焦虑。

良缘不是没有麻烦,而是有了麻烦两人依然能保持清醒和大度。

爱情不仅是一种感情,还是一系列的技能:溯源、原谅、感恩,以及不追求完美。"溯源"就是明白伴侣的缺陷是源于其儿时的苦难,伴侣并非冷漠,也不邪恶。"原谅"就是即使受到苛待也不生气,不会秋后算账。"感恩"就是能够认识到自己的不足，并感谢伴侣的宽容和陪伴。"不追求完美"就是明白人非圣贤，孰能无过，伴侣身上的缺陷是人所固有的。

婚礼上，新人公开宣誓，来宾至关重要。今天，我们倾听海誓山盟。日后，我们见证海枯石烂。未来，夫妻可能会失去理智，感情用事，今天的来宾就是夫妻维系婚姻的动力，能让婚姻天长地久。

邀请新人登台。

新人从不同方向登台，互相接近。两人站在婚姻导师的两边，面向观众。

二、婚礼

谦恭

婚姻导师

谦恭可能是维系婚姻的第一要素。

谦恭有个前提：深入剖析自己，充分认识自己的缺陷。谦恭意味着道歉与谦虚，不讳疾忌医，勇于承认自己的错误并改正错误。

谦恭需要放低姿态，真诚致歉：对不起，我真的很后悔，请原谅我。

谦恭蕴含着感恩：非常感激，虽然我有这样和那样的缺点，你还是愿意与我共度一生。

谦恭不是单向的：人人都有某种不足，要想婚姻美满，双方都要自我检讨、时常自省。

真的真的准备好结婚了吗

	婚姻导师转向男方,问:
	你承认自己是一个有失败之处且不完美的人吗——当然不是在所有方面,但确实在某些方面会成为一个沉重的负担?
男方	是的,我承认。我有失败之处且不完美。
婚姻导师	你是否承认,与你共同生活是个严峻的挑战,会让人无所适从?
男方	我承认。
婚姻导师	今天,你来到婚姻的殿堂。之前,你经过深思熟虑,主动列举出自己的缺点,就记在缺陷笔记里。现在,面对着我、你的伴侣和来宾,你愿意拿起缺陷笔记朗读吗?

二、婚礼

婚姻导师指了指小桌上的缺陷笔记。缺陷笔记装帧精美,显然是要保存一辈子的。缺陷笔记里是新人的各种缺点和怪癖。

男方拿起缺陷笔记,读了一小段。(比如:我承认自己严苛冷酷,我是个刺头;有时,我心里苦,但是憋着不说让你难受;不安的时候,我尖酸刻薄。)

婚姻导师表示感谢,然后转向女方。

你承认自己是一个有失败之处且不完美的人吗——当然不是在所有方面,但确实在某些方面会成为一个沉重的负担?

女方　　是的,我承认。我有失败之处且不完美。

婚姻导师	你是否承认,与你共同生活是个严峻的挑战,会让人无所适从?
女方	我承认。
婚姻导师	今天,你来到婚姻的殿堂。之前,你经过深思熟虑,主动列举出自己的缺点,就记在缺陷笔记里。现在,面对着我、你的伴侣和来宾,你愿意拿起缺陷笔记朗读吗?
	女方拿起缺陷笔记,读了一小段。
	婚姻导师表示感谢。
	婚姻导师让新人交换缺陷笔记。
	婚姻导师向来宾宣布:

二、婚礼

这对新人的缺点并不比别人多。他们只是把缺点写下来了而已。

来宾 我们都是破碎的。

我们都是傻瓜,都会犯傻,将来也如此。我们都不好相处。我们都会恼羞成怒,把自己的错误归咎于伴侣。我们怪癖很多,还拒绝改变。

看,和你们一样,我们也有缺点。我们可能并不知道自己到底有多少缺点,但我们知道自己一定有缺点。

婚礼告一段落,一小段音乐响起,音乐的主题应当是谦恭。气氛应当压抑凝重。

下面是推荐阅读一,体现了谦恭在婚姻中的重要性。

推荐阅读一

伴侣的缺点让人烦躁不安。我们暗想，这些缺点是从哪儿来的？

伴侣惹着我们的时候，我们要意识到：伴侣的优点吸引了我们，而缺点不可避免地会与优点相伴存在。接受这些缺点，我们终将从中获益——尽管目前益处并非显而易见。我们需要寻找的是一种被称为"缺点优势"的东西。

19世纪70年代，美国小说家亨利·詹姆斯住在巴黎，与同样住在巴黎的俄国知名小说家伊凡·屠格涅夫成了好朋友。詹姆斯特别着迷于屠格涅夫从容、平静的叙事风格。显然，屠格涅夫耗费了大量时间字斟句酌，不断选择、改变、润色直至完美。这种追求完美的写作风格，值得人崇敬和学习。

但是，在日常生活中，这种风格令人发狂。詹姆斯邀请屠格涅夫共进午餐，屠格涅夫提前一天派人送去一张纸条，说去不了；然后又送去一张纸条，说很期待共进午餐。结果，午餐开始两个小时了屠格涅夫才到。屠格涅夫为人处世的风格简直令人抓狂。然而，屠格涅夫的写作风格与为人处世风格如出一辙：不紧不慢，不到最后一刻不做决定。这种风格成就了绝世佳作，也给午餐带来了麻烦。詹姆斯认为，屠格涅夫的性格很好地体现了"缺点优势"。

缺点是优点的内在属性。不可能只要优点，不要缺点。缺点和优点相辅相成，不可分割。人不可能把所有的优点集于一身。

在此基础上，我们就能理性看待伴侣的缺点。以前，看到伴侣的优点，我们觉得理所应当；看到伴侣的缺点，我们就认为伴侣是在没事找事。现在我们明白了，缺点是优点的一部分。

我们必须克服一个无用的想法——只要再努力一点，我们就能找到一个完美的灵魂。这一想法大错特错。因为根本不可能有完美无缺之人。人的优点各不相同，缺点也多种多样。人生来就不完美，也不应该追求完美。

慈善

婚姻导师 　二人世界，磕磕绊绊在所难免。大发雷霆，闷不作声，出轨背叛，这些都常见。

对于伴侣的错误，你会谴责、抱怨不休。你会因自己的悲伤而责备伴侣。你会冷嘲热讽，不会承担起责任。伴侣表现不佳的时候，你会揣测对方居心不良、心地险恶。

婚姻导师邀请新人朗读下面的内容。

男方和女方 　我不会恶意中伤你。
我不会出轨。
我会努力去理解你，倾听你的想法，不抠字眼。

二、婚礼

我会平心静气、不加指责地解释我的忧虑。

做错了,我会认错,不拿你当替罪羊。

婚姻导师接着说:

婚姻导师

爱要以慈善为中心,从积极的方面看待对方的行为。

要看到攻击性行为背后的恐惧,要发现冷若冰霜的外表下那颗孤独的心,要明白人会因羞耻而挑战权威,要清楚焦虑会让人变成刺猬。

现在,你们能否交换象征慈善的礼物?

男方和女方互换镶在相框里的儿时照片。相框非常精美,这是一份珍贵的礼物。

婚姻导师解释这个步骤的用意。

爱护儿童是人类的天性,但是对成年人,往往就谈不上爱护了。交换儿时照片代表着一种承诺:像爱护儿童那样爱护对方。

男方和女方 我会把你儿时的形象记于心间。我明白是儿时的遭遇导致了你如今的缺陷。我会小心呵护你受伤的心灵。

来宾 和孩子相处,要用慈善去感化。
不要急于批评。
孩子犯错,情有可原。
想发脾气的时候,先冷静一下。
别跟孩子怄气。
你的伴侣曾是个孩子——现在还是。

二、婚礼

吼叫的时候,你就是在冲着孩子吼。

背叛伴侣,就相当于伤害孩子。

指责伴侣,就相当于苛求孩子成为完人。

看了照片,就会产生耐心、宽容和温情。

"慈善"环节结束,一小段音乐响起,体现博大胸襟和舐犊情深,就像摇篮曲一般。

现在看一下推荐阅读二。

推荐阅读二

从最基本的意义上讲，慈善意味着给予别人需要而无法靠自己获得的东西——通常可以理解为物质上的东西。人们大多将慈善与捐钱联系在一起，但慈善远不止于此。慈善是对"动机"所做的解读。

慈善包括不把对方视为邪恶的化身，而把对方的不良行为视为创伤后遗症。心理层面的慈善就是为对方的错误——缺乏耐心，野心过大，做事鲁莽，脾气暴躁——辩护，认为情有可原。对方既不卑鄙，也不疯狂，而是有许多可爱之处。

做慈善的时候，钱和物往往是单向流动的——慈善家既富有，又慷慨，习惯于付出且不求回报。但是，在人际交往中，慈善通常不是单向流动的，因为我们都需要别人设身处地为我们着想。

我们需要帮助，需要别人为我们的错误辩解。我们需要有人帮忙解释，我们并不像看起来那么可怕。

小孩有时候不知好歹：关心他，他却大喊大叫；为他特制动物形状的饼干，他却推到一边；为他拿来玩具和衣服，他却扔到一边。但一般来说，我们不会因此生气，更不会产生心灵创伤。原因是，我们不会以最大的恶意去揣测一个小孩，而会以最大的善意去解读对方。我们认为他不是故意找碴。他或许是累了，或许是牙龈疼。再或许，是他的家里又添了个小孩，分去了父母的爱。我们可以做出多种解读，不慌不忙，不急不恼。

对待成年人，尤其是对待伴侣，我们也要这样。本来，我们以为对方居心不良、无事生非，但只要把对方当孩子看，我们就会从另外的角度进行解读：或许对方昨晚没睡好，头晕眼花；或许对方膝盖疼；或许就像孩子试探父母的底线一样，对方也在试探我们的底线。

在这个世界里，我们总是善待孩子。现在，我们也要适时地把伴侣当成孩子。

复魅

婚姻导师介绍第三个环节。

婚姻导师 这对新人彼此欣赏,互敬互爱。但是,随着时间的流逝,在日常生活的压力之下,他们相互之间的吸引力会下降,会忘了当初的海誓山盟。因此,我们要尽力规避这种情况的发生。

男方和女方 我会逐渐忘记你的好。

我忙忙碌碌,忘记了你的优秀。

我量入为出,我们争吵不断。

以前,我那么爱你;现在,我觉得你一无是处。

婚姻导师 非你不娶,非你不嫁,就是因为对方有吸引你的闪光点——夫妻生活平淡乏味,

二、婚礼

但是闪光点依然存在。我想提醒你们记住这一点。请抓住彼此的右手。

新人抓住彼此的右手。

婚姻导师   第一次牵起这只手的时候,你欣喜若狂,心中小鹿乱撞。手还是那只手,或细腻嫩滑,或粗硬厚实。十指紧扣,心心相印。

看着对方的眼睛,发誓对握手所象征的东西(温柔、尊重和欣赏)保持忠诚。

跟我说:我发誓善待伴侣。

男方和女方   我发誓善待伴侣。

婚姻导师   不忘初心,方得始终。

男方和女方   不忘初心,方得始终。

婚姻导师   第一次牵手时，我心情激动。今天牵手，我的心情依然激动。

男方和女方   第一次牵手时，我心情激动。今天牵手，我的心情依然激动。

                接下来播放一小段音乐。音乐一开始较为庄重或忧郁，随后逐渐变得轻松、欢快。

                短暂的沉寂。

                接下来是推荐阅读三。

推荐阅读三

夫妻一起生活了几年之后，新鲜感消失，彼此之间魅力减弱。我们开始忽视伴侣，并对他们的弱点了如指掌。但是，我们可以做到复魅。当伴侣跟朋友在一起的时候，他们可能会展现出自己的魅力：面带羞涩，流露出同情的眼神，出于某种原因把套头衫袖子往后拉。一个偶然相识的人可能会带着一丝妒意，说我们的伴侣优雅迷人——这个熟人已经下意识地把我们当成了对手，我们也因此重新感受到伴侣的魅力。

人是会变的，也是灵活的。魅力的消失并非一条单行道，我们有能力对伴侣进行第二次更精确的观察。我们可以从艺术中寻求提示。艺术可以体现复魅。

许多艺术作品描绘的都是司空见惯的事物。在18世纪，艺术家大多青睐宏大的场面：著名战役、广阔天地和历史大事。法国艺术家夏尔丹则另辟蹊径。夏尔丹环顾四周，画的是静物：炊具、果篮和茶杯。绘画风格质朴写实。一般来说，我们不会特别关注这些静物。但是，在夏尔丹的影响下，我们发现了静物的迷人之处。夏尔丹并非矫揉造作，只不过是我们没有发现美的眼睛。夏尔丹聚精会神地展示了静物的美感，重新迷住了我们的感官。

19世纪的英国画家约翰·康斯特布尔专注于画云。听起来，没有比这更沉闷的事情了。或许，儿时的我们喜欢看着云朵从空中飘过。我们喜欢的云朵不尽相同；我们看着云朵分分合合；我们欣赏着层次分明的云朵；我们看着一抹蓝色出现在云朵里又迅速消失。我们先是觉得云朵可爱，后来就忘记了。康斯特布尔画出的云朵，让我们想起了头顶超凡脱俗的美。抬头一看，心旷神怡。

用艺术的镜头重新审视自己的伴侣，我们会发现七年之痒掩盖之下的魅力。再次牵起那只手，再次心潮澎湃；再次靠着那个肩膀，心里顿感踏实。从前，我们欣赏对方。现在，靠着艺术的加持，我们重拾新鲜感，不让婚姻成为爱情的坟墓。

二、婚礼

交换戒指，宣誓结婚

婚姻导师请来宾起立。

婚姻导师 婚姻是终身大事，喜忧参半，你们还愿意宣誓结婚吗？你们是否愿意一起悲伤落泪，一起喜笑颜开，共度余生？

婚姻导师转向男方，说：

此时，时间静止了。做出承诺，就要终身遵守。你愿意娶她为妻吗？

男方 愿意。

婚姻导师转向女方，说：

婚姻导师	此时,时间静止了。做出承诺,就要终身遵守。你愿意嫁给他吗?
女方	愿意。
婚姻导师	请交换戒指。从此终身相伴,不离不弃,同甘共苦,相濡以沫。
	男方和女方交换戒指。
	现在,我宣布你们是合法夫妻了。
	男方和女方接吻。这是个严肃的时刻。
	片刻之后,婚姻导师示意来宾一起朗读以下内容。

二、婚礼

来宾

我们听到了你们的誓言。

你们信心倍增。

你们万分担忧。

你们的信心孕育了我们的信心。

你们的担忧孕育了我们的担忧。

黑夜不会长久。

过不下去的时候,就想想出席婚礼的来宾。

我们知道婚后生活的烦琐。

我们理解婚后生活的枯燥。

我们也在黑夜里摸索。

我们不会再来出席你们的婚礼。

但是记住我们的良苦用心。

无论过去、现在,还是将来,婚姻都不是十全十美。

但是,你们可以学习、改正和提高。

祝你们变得聪明。

希望你们只结一次婚。

祝你们好运。

新人下台,走出礼堂,最后一次播放音乐。音乐应充满自信和喜悦的情绪。千难万险都将克服,没有过不去的坎,会有冬去春来的那一刻。

三、结婚之后

"我保证永远记得你的魅力。"

1.
婚宴

婚礼之后，可以举办一场盛宴款待来宾。但是，让来宾吃好喝好不是关键，关键是要展示美满婚姻的基本原则，让新人和来宾深思熟虑。

（1）对话清单

来宾就座之后，要先进行一场特殊的对话。对话不是闲聊，来宾应该讨论爱的本质和目的。每个盘子旁边放一个对话清单。每位来宾都要与至少一个别的来宾你问我答。

对话清单

你想给这对新婚夫妇一些什么样的建议,让他们的每一天都如同初见?

儿时目睹的夫妻关系如何影响了你的婚姻观?

你觉得婚姻的好处是什么?

你有没有什么忧虑?(如果你将要结婚或者再婚)

你有过的最棘手的关系是什么?

来个真心话大冒险,我会给你保密的——你觉得自己的伴侣好相处吗?

与你结婚的美好之处在于什么?

与你结婚,可能需要面对的困难是什么?

只要正视这些问题，就会明白夫妻相处之难：不能对婚姻盲目乐观，夫妻要有正确的相处之道。

（2）关于发言的建议

通过发言，可以理解婚姻，还可以理解爱情的意义。

双方父母

在父母的养育下，呱呱坠地的婴儿长成蹒跚学步的幼儿，变成懵懂脆弱的少年，最终长大成人。无论过去还是现在，最了解孩子的还是父母。父母的爱是无私的，他们付出不求回报。

父母发言要注意如下事项。

现在，你的孩子已经成年。但在很长一段时间里，他们都是未成年的孩子。现在，他们不光是大人，还是你的孩子。我们需要了解那个孩子。

他们小时候都有什么可爱之处？描述一下亲子欢乐时光。

你为他们做过哪些困难的事情——那些你出于爱他们才做的事情，实际上并不令你愉快？你可能做了很多。

在哪些方面你是一个不称职的家长？你让孩子失望了吗？作为一个成年人，在压力之下你犯过什么错误？如果可以重来，你的做法会有不同吗？

你正在提醒大家，爱意味着奉献，但也会让对方失望。我们都是不完美的人，都需要别人的谅解。

你不需要给出建议，不需要表现得很有趣，也不需要摆出一副高深莫测的面孔。你要尽量严肃，尤其不要开玩笑。你是来提供信息的。

伴侣互评

伴侣互评旨在阐明对方的闪光点。

三、结婚之后

两人已经决定相伴一生了。此时，就该告诉对方，告诉来宾，也告诉自己，你欣赏对方哪一点。

有什么就说什么，不要客套。对方吸引你的可能并不是优点。说得详细点。或许，对方自信又强势，但偶尔露出的一丝微笑非常可爱；或许，对方妙语连珠，偶尔一本正经的样子总能把你逗乐；或许，对方总是认真地把鞋子放好，因此你觉得对方也会认真对待你。

2.
礼物

来宾不能只送礼物,还要附上一张便条,说明两点:第一,自己为什么跟伴侣关系紧张;第二,自己有哪些讨人厌的地方。

未来的某个时刻,新婚夫妇可能会觉得日子没法过了。当婚姻处于低谷的时候,他们就可以拿起便条,看看亲戚朋友的婚姻遇到了什么麻烦,继而表示同情:看来谁的婚姻都是一地鸡毛。

来宾如果是单身,没法附上这样的便条,那么可以送上婚姻治疗的代金券。恩爱夫妻也需要在咨询治疗上投入巨额费用。

3.
新婚之夜

一般来说，洞房花烛夜要享受性生活。这种情况可能会发生，但婚礼和婚宴耗费了大量时间和精力，也可能导致它无法发生。然而，认为性至关重要的观念显然并非错误。在新婚之夜，应当为以后如何过性生活打下基础。

人们通常认为，美满的性生活是婚姻的目标。但实际上，性生活并非婚姻之中的重头戏。随着岁月的流逝，性生活会逐渐淡出两人的视线。年轻夫妻性生活频繁，享受鱼水之欢。老夫老妻则失去了激情，只是偶尔做爱。

这种前景并不美妙，却极有可能出现。要想婚姻长久，夫妻就要设法去面对这种前景。在洞房花烛夜，夫妻应该就未来的性生活许下一系列的诺言。

诺言一：

我明白，有时候，也许就是今晚，性生活会令人失望。或许有时候，我想过性生活，但你很忙，忙着看书或者玩手机。我保证不因此而指责你。

诺言二：

我承认，性生活可能不会尽如人意。我保证会有一个正确的心态。

诺言三：

我承认，有了孩子之后，我们亲热就没那么方便。我们爱孩子，我们的性生活会受到限制。孩子天真烂漫，我们会羞于释放自己的欲望。我接受三人世界里夫妻关系会变淡，我不会归罪于你。

诺言四：

我想让你知道，我深深地被你吸引；我觉得你很性感。未来性生活可能会变少，但是，我保证永远记得你的魅力。

诺言五：

过好性生活只是一种美好的愿望，我不能期望太高。我明白，我的某些性行为你无法理解，我保证不会让你因此而难过。

许下这些诺言并非为了减少性生活，而是做最坏的打算，以便过上和谐的性生活。如果未能打开天窗说亮话，怨恨就会越积越多，这非常危险。新婚之夜开诚布公，以后就不会有那么多积怨。

4.
婚礼相册

婚礼相册不只是对特殊时刻的美好记录，还另有妙用。婚礼相册要把婚姻的意义定格、体现在照片中，便于日后找寻、回味。摄影师要在婚礼当天拍照，还要在婚礼前后的许多天里拍照。婚礼相册是如下问题的答案。

（1）我们为什么在一起

人人都有过去。相册里要有15岁时青涩的自己，还要有魅力四射的前任（尽管跟前任在一起的岁月如同一场灾难)。相册里还可以保存单身生活的照片：乱七八糟的洗涤槽，形单影只的一盘豆子。以此来提醒自己单身日子不好过。这些视觉冲击可以在将来为我们解答疑问：为什么要跟伴侣结婚？为什么两个人要绑在一起？

（2）结婚时，我们看到了对方的什么优点

照片要能展现婚礼致辞时双方提到的伴侣的优点。优点可能并不明显。摄影师需要听清男女双方的发言。照片可以展现其中一个人有些迷茫的样子，可以给脚踝来个特写，还可以拍下其中一个人穿着宽松套头衫的样子。

（3）新人的原生家庭对婚姻有何影响

相册中还应该有原生家庭的照片。不一定是在婚礼

当天拍的,但要充分展示原生家庭的特点,比如:母亲仪态万方,但性格强势;父亲性格温和,但信心不足;姐妹学业优秀,事业成功;兄弟得到很多爱,但非常叛逆,因而付出了惨重的代价。在很大程度上,原生家庭塑造了我们的性格。我们都清楚这一点。

(4)婚姻危机是个社会问题吗

也可以别出心裁,把其他人的照片收入婚礼相册——原来,那些相敬如宾的夫妻也会红脸,也会感到绝望。看了这些照片,我们就能回到现实之中,正确评价自己的婚姻。他们都有身份、有地位,但也在为婚姻而烦恼。事实就是这样。两相比较,我们的婚姻危机好像就不是个事儿了。有了婚礼相册,我们就不会庸人自扰。

婚礼相册和婚礼的作用一样:维持婚姻。

5.
危机

有时,你会对婚姻丧失信心,琢磨着当初为何结婚,觉得跟这个人结婚真是瞎了眼。这种想法或许转瞬即逝,但肯定会出现,所以,必须认真应对。

当感到痛苦的时候,想想以下6点。

(1)人人都有让人难受的性格问题

无论跟谁结婚,争吵在所难免。要记住,你也不好相处。

（2）悲伤是正常现象

无论过去还是将来，许多人都有相同的烦恼。每个人的婚姻都会经历艰难困苦，大多人不说，但都心有戚戚。你觉得孤单无助，但你只是大多数人中的一员。昨天晚上，夜已经深了，一位饱读诗书的外科医生隔着浴室门冲伴侣吼叫，把孩子吵醒了。此时此刻，一位头脑冷静、衣着得体的信息技术顾问慌了，生怕伴侣发现自己一直在网上出轨。

（3）脑海中冒出邪恶的想法不要紧

有时你会想，伴侣要是因飞来横祸死了就好了，你就可以重新开始。有这个想法，你也不是恶魔：清醒明理的人也会有邪念。这不意味着你真的想伤害伴侣。这个想法也会很快消失。

（4）没有人能真正理解别人

伴侣不理解你？正常现象。

（5）想有外遇并不稀奇

有这种想法是正常的。在床上被需要、被尊重和被关爱的感觉很美妙。但是，发展婚外情并不能解决潜在的问题。夫妻双方潜在的问题与挫败感和缺乏沟通有关。

（6）坏情绪很快就会过去

此时你心情沮丧，但不久就会雨过天晴。我们的自我调节能力超乎我们的想象。一切都会过去的。

6.
婚姻治疗

目前，人们普遍认为，只有婚姻出了问题才会去进行婚姻治疗；进行婚姻治疗就是承认犯了错误，承认陷入危机。实际上，婚姻治疗是美满婚姻的必要保障，可以避免两人陷入绝境。

婚姻治疗具有神奇的功效。原因是，婚姻治疗是一个很好的平台，可以让夫妻双方畅所欲言。没有这个平台，夫妻双方往往会相互指责，解决不了问题。

伴侣不愿倾听我们的心声，所以，我们也懒得听伴侣说话。但是，在治疗室里，优秀的婚姻治疗师可以充当调解人，让双方发表观点，对双方表示同情，不站在

三、结婚之后

任何一边。

婚姻治疗是一个安全的交流途径，避开了剑拔弩张的家庭氛围。在婚姻治疗师的帮助下，夫妻二人能够明白对方发火的两个原因。第一，痛苦。第二，儿时的悲惨经历。婚姻治疗师还会让发火的一方换位思考：无论冷暴力还是咄咄逼人的追问，都让人不好受。婚姻治疗师能让针锋相对的两人冷静下来，了解和体谅对方的难处。

婚姻治疗师的一大任务就是：让夫妻双方摒弃偏见，理智思考，尊重彼此。我们要学着像婚姻治疗师那样言语温和，切中肯綮。走出治疗室，自己处理问题的时候，我们就能说出同样重要且充满善意的话。

接受婚姻治疗绝不是一种自我放纵，而是给自己一个机会去善待枕边人。接受了婚姻治疗，我们的危险性就会降低，枕边人也能明白我们有时候为何会特立独行。

让我们鼓起勇气，找人谈谈我们的婚姻生活。让我们和伴侣携手共度余生，始终不离不弃。

图书在版编目（CIP）数据

真的真的准备好结婚了吗 / 英国人生学校著；楚立峰译 . -- 北京：中信出版社，2024.12. -- （人生学校）. -- ISBN 978-7-5217-7077-3

Ⅰ . C913.13-49

中国国家版本馆CIP数据核字第2024JH6044号

HOW TO GET MARRIED
Copyright © 2018 by The School of Life
Simplified Chinese translation copyright © 2024 by CITIC Press Corporation
ALL RIGHTS RESERVED
本书仅限中国大陆地区发行销售

真的真的准备好结婚了吗

主编： ［英］阿兰·德波顿
著者： ［英］人生学校
译者： 楚立峰
出版发行：中信出版集团股份有限公司
（北京市朝阳区东三环北路27号嘉铭中心　邮编　100020）
承印者： 嘉业印刷（天津）有限公司

开本：787mm×1092mm 1/32　印张：4.25　字数：66千字
版次：2024年12月第1版　印次：2024年12月第1次印刷
京权图字：01-2024-5704　书号：ISBN 978-7-5217-7077-3
定价：39.00元

版权所有·侵权必究
如有印刷、装订问题，本公司负责调换。
服务热线：400-600-8099
投稿邮箱：author@citicpub.com

"人生学校"系列

— 已出版 —

《该有下一次约会吗》
《还会找到真爱吗》
《真的真的准备好结婚了吗》

— 待出版 —

Arguments
Heartbreak
Affairs
Stay or Leave
The Couple's Workbook
Why You Will Marry the Wrong Person
The Sorrows of Love
How to Think More About Sex

图书策划　中信出版·24小时工作室
总策划　曹萌瑶
策划编辑　蒲晓天　杨思艺
责任编辑　杨思艺
营销编辑　生活美学营销组
装帧设计　APT

出版发行　中信出版集团股份有限公司
服务热线：400-600-8099　网上订购：zxcbs.tmall.com
官方微博：weibo.com/citicpub　官方微信：中信出版集团
官方网站：www.press.citic

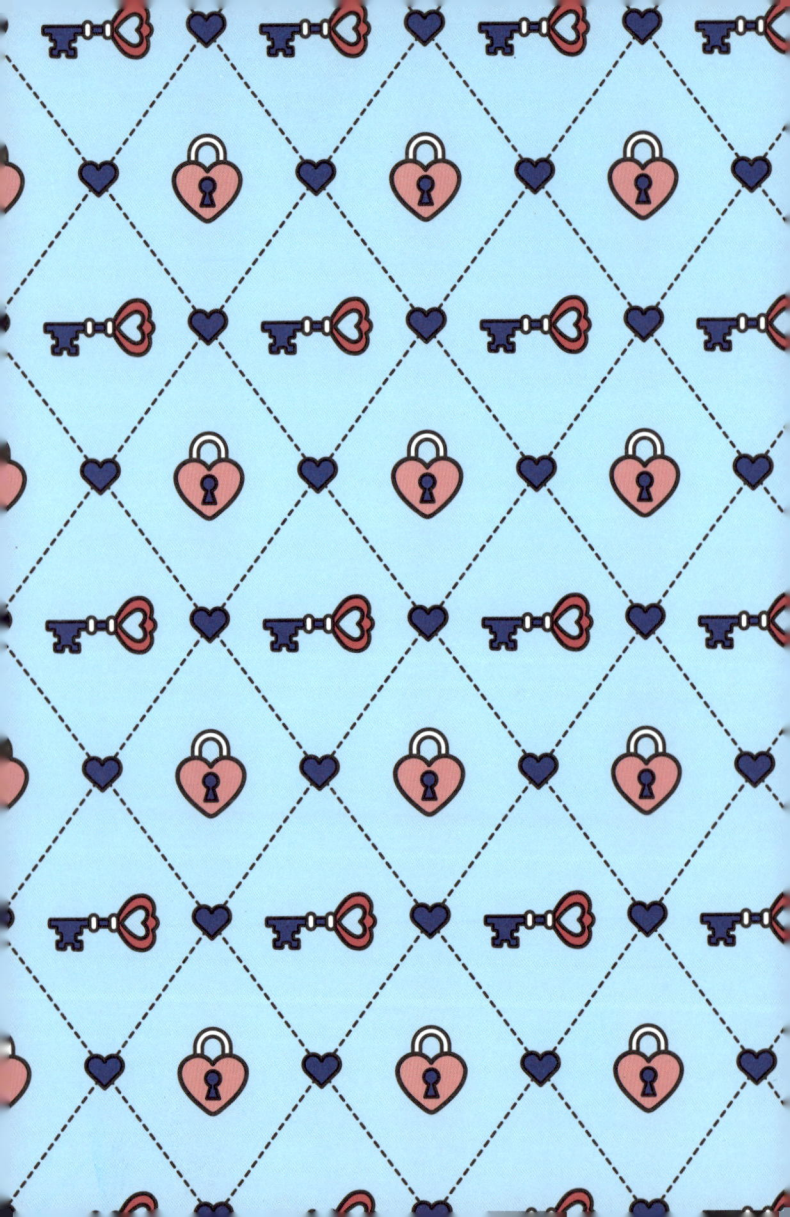